OBSERVATIONS

SUR LA RÉVOLUTION

DU 20 MARS 1815.

OBSERVATIONS

SUR LA RÉVOLUTION

DU 20 MARS 1815.

OU

RÉFUTATION

DE LA DÉCLARATION DU CONSEIL DÉTAT,

DU 25 DU MÊME MOIS.

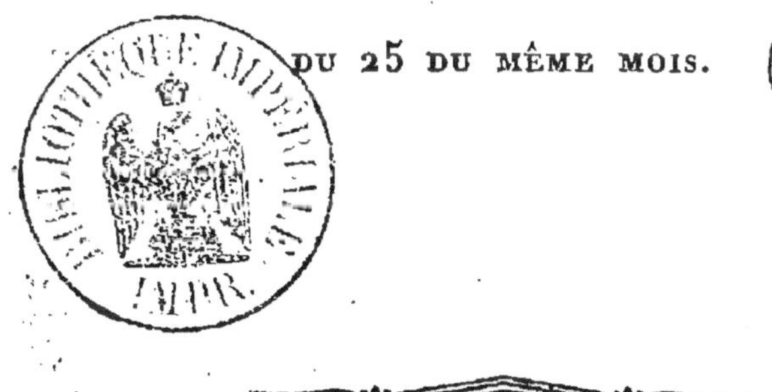

A PARIS,

CHEZ TOUS LES MARCHANDS DE NOUVEAUTÉS.

Juin 1815.

OBSERVATIONS
SUR LA REVOLUTION

DU 20 MARS 1815,

ou

RÉFUTATION

De la déclaration du Conseil d'état,
du 25 du même mois.

S'IL est vrai que *la souveraineté réside dans le peuple*, ainsi que l'a dit le conseil d'état dans sa déclaration du 25 mars, il ne faut cependant pas en conclure que tout contrat entre les gouvernans et les gouvernés, soit révocable à la volonté des derniers; car ce seroit faire aux peuples un présent bien funeste que de leur accorder ce droit terrible, qui bouleverseroit continuellement les empires, et qui deviendroit ainsi le plus redoutable fléau pour tous les états.

1

Qu'est-ce, en effet, que la souveraineté ?
C'est le transport et la réunion de toutes les
forces particulières, dans les mains d'un roi
où d'un sénat qui commande en dernier res-
sort dans la société civile. Chaque individu
est obligé de sacrifier à sa sûreté personnelle
une portion de sa liberté. C'est l'assemblage
de toutes ces portions de liberté, dans un
dépôt commun, qui forme la souveraineté,
en établissant une puissance suprême, qui est
à la fois la modification de la force particu-
lière, et le centre de la force publique.

Si le peuple est la source de tous les pouvoirs politiques, comme on le prétend, le
trône dans une monarchie en est le réservoir.
Tous les pouvoirs émanent donc du peuple.
Mais le peuple est obligé de les déléguer tous ;
et s'il s'en réservoit un seul, il tomberoit aus-
sitôt dans la plus déplorable anarchie. La sou-
verainté nationale n'existe donc, au milieu
d'un peuple, que parce qu'il la délègue, et
au moment où il la délègue. Le pouvoir suprême, qui n'est autre chose que la collection
des forces particulières, ne réside, et même
n'existe nulle part, avant qu'il soit ainsi délégué : d'où il suit que cette question de la
souveraineté du peuple est une question pu-

rement métaphysique, insignifiante, et absolument stérile en conséquences politiques ; qu'on ne peut en raisonner que par abstraction ; que la souveraineté qui vient du peuple, ne peut jamais retourner au peuple ; et que c'est manifestement l'égarer, que de lui parler sans cesse d'un droit qu'il ne peut pas plus exercer que son droit primitif de propriété souveraine sur tout le territoire national. Si le peuple vouloit le reprendre, au lieu de rétablir l'ordre, il s'environneroit d'un vaste chaos.

C'est cependant en investissant inconsidérément l'opinion publique de ce principe abstrait de *la souveraineté du peuple*, que des factieux ou des hommes dont les intentions pouvoient être pures, mais qui avoient plus d'esprit que de sens, provoquèrent la plus funeste des révolutions. Le peuple, enivré des vapeurs de la liberté, crut que personne n'avoit le droit de le contenir, et que l'obéissance étoit incompatible avec sa dignité ; erreur d'autant plus grande, d'autant plus déplorable, que le peuple est intéressé lui-même à obéir, et qu'il ne doit point en être humilié, parce qu'en dernière analyse, obéir dans l'ordre public, ce n'est autre chose que s'entendre. L'indépendance individuelle ne peut jamais produire qu'une épouvantable confusion, ou plutôt l'entière désorganisation du corps social.

Que le conseil d'état ne vienne donc pas nous dire, qu'*en 1789 la nation reconquit ses droits depuis long-temps usurpés ou méconnus.* La nation ne pouvoit pas reconquérir la souveraineté qu'elle avoit déléguée. Elle pouvoit sans doute manifester ses vœux pour des réformes utiles ; mais Louis XVI les avoit prévenus en jugeant sans illusion les prérogatives qui sembloient depuis long-temps appartenir à sa couronne, en dédaignant toutes celles qu'il croyoit inutiles au bonheur de la France, et en les déposant sur l'autel de la patrie.

L'histoire conservera le souvenir de tout ce qu'il fit volontairement pour le bonheur de ses sujets, alors même qu'il étoit dans la plénitude de ses forces ; de ce qu'il proposa aux notables, et de cette mémorable séance du 25 juin 1789, dans laquelle il contracta l'engagement formel de ne jamais lever un impôt sans le consentement de la nation, de ne jamais faire une loi qui ne fût concertée avec la nation, de ne jamais infliger une peine qui n'eût été déterminée par la nation ; enfin d'abolir le droit de franc-fief, toutes les corvées, et tous les ordres arbitraires.

Ce que Louis XVI offrait, étoit tout ce que désiroit l'immense majorité de la nation ; car il seroit difficile d'imaginer un bien à faire au peuple, auquel ce prince n'eût pas songé le premier. Mais l'assemblée, soit qu'une sotte vanité lui fît croire qu'elle étoit au-dessus du monarque, soit qu'elle fût elle-même le jouet de quelques conspirateurs, viola les mandats libres, positifs, unanimes, qu'elle tenoit du peuple ; usurpa tous les pouvoirs, s'environna de ruines, souffla sur la nation l'esprit de révolte, sacrifia au fol espoir du bonheur des générations futures, l'existence paisible de la génération présente, et décréta une constitution dans laquelle étoient associés à quelques principes sages, les élémens les plus vicieux.

Quoique le roi fût convaincu que cette constitution étoit imparfaite, il l'accepta ; et elle fut constamment la règle de sa conduite. Mais, hélas ! ce pacte signé entre la nation et lui le 14 septembre 1791 ; ce pacte dont l'*impérissable autorité* (1) devoit *garantir* à l'un *la*

––––––––––

(1) Discours du président de l'assemblée constituante, le 14 septembre 1791.

liberté la plus pure; à l'autre *la plus belle couronne de l'univers*, fut anéanti le 10 août 1792, par l'assemblée législative, malgré le serment que chacun de ses membres avoit prêté individuellement, *de le maintenir, et de ne rien* PROPOSER, *ni* CONSENTIR, *dans le cours de la législature, qui pût y porter atteinte.*

Cette assemblée parjure, allégua pour justifier sa conduite envers le roi, que lui-même, par des infractions réitérées à la constitution, avoit provoqué la révolte du peuple : mais on sait, au contraire que, loin de violer en aucun point les nouvelles lois constitutionnelles, il n'avoit fait usage qu'en tremblant du droit qu'elles lui donnoient de refuser sa sanction aux décrets du corps législatif, et qu'il ne *s'y* étoit déterminé que dans le petit nombre d'occasions où sa conscience timorée lui en avoit imposé le devoir rigoureux. On sait aussi d'ailleurs (et les preuves en sont consignées dans plusieurs ouvrages), que les chefs les plus actifs et les plus accrédités parmi ceux qui conduisoient l'assemblée législative, eurent ensuite l'impudeur de se glorifier d'avoir préparé cette horrible journée du 10 août, qui fut, en effet, non comme on l'avoit dit d'abord, le résultat de l'indignation du peuple, mais la suite des machinations les plus odieuses.

Une nouvelle assemblée, dite *convention nationale*, formée sous les auspices les plus sinistres, et composée d'hommes dont le plus grand nombre se disoient *patriotes exclusifs*, remplaça l'assemblée législative. Appelée seulement à examiner si Louis XVI avoit encouru la déchéance, c'est-à-dire la seule peine que la constitution eût infligée sous la forme d'abdication présumée, au plus grand de tous les délits, *à l'entrée du monarque en France à la tête d'une armée étrangère, pour immoler la liberté*; la convention nationale, dès sa première séance, se permit d'abolir, sans discussion préalable, la royauté, et de proclamer la république. Bientôt après, elle s'érigea en tribunal; elle osa faire conduire le roi à sa barre, l'interroger, et commettre le même attentat que les Anglais expient encore, chaque année, par un repentir solennel.

Mais ni le décret qui avoit établi la république, ni l'assassinat du meilleur des rois, ne pouvoient anéantir, d'une manière légale, la constitution de 1791, d'après laquelle ses auteurs, guidés par la volonté de la France entière (1), et par les lumières de leur raison, avoient institué un gouvernement monarchique, et *délégué héréditairement la couronne à la race régnante.* Il auroit fallu, pour légitimer le renversement de ce pacte et l'assassinat du roi, que la convention nationale y eût été solennellement autorisée. Or, personne n'ignore que cette assemblée n'avoit été investie ni du droit de changer la forme du gouvernement, ni de celui de juger le roi; et qu'elle étoit si fort convaincue que le peuple ne vouloit pas se rendre coupable d'un affreux *régicide,* qu'elle refusa de le consulter.

Le renversement de la constitution de 1791 ne fut donc que le résultat de la situation malheureuse où la France avoit été plongée par une faction criminelle; et puisque le conseil d'état, dans sa délibération du 25 mars, dit que *l'abdication de Napoléon n'ayant pas été consacrée par le vœu du peuple, ne pouvoit détruire le contrat solennel qui s'étoit formé entre lui et l'empereur; et que quand même Napoléon auroit pu abdiquer personnellement la couronne, il n'auroit pu sacrifier les droits*

____

(1) Tous les mandats étoient unanimes sur ce point.

de son fils appelé à régner après lui; on peut, à plus forte raison, soutenir, 1° que le décret qui proclama la république, *n'ayant pas été consacré par le vœu du peuple, ne pouvoit détruire le contrat solennel qui s'étoit formé entre lui et Louis XVI*; 2° que lors même que ce prince auroit mérité ou la déchéance ou la mort, ce n'étoit pas une raison de méconnoître *les droits de son fils et de ses frères appelés à régner après lui.*

Ainsi, la constitution de 1791 a survécu à tous les abus de pouvoir de la Convention nationale; et quoique le conseil d'état avance dans sa *Déclaration*, que *la résistance des Bourbons aux vœux du peuple amena leur chute;* quoiqu'il cherche par-là à faire entendre que le peuple provoqua ou approuva du moins le supplice du Roi; il est certain que ce forfait exécrable appartient tout entier à un petit nombre de scélérats flétris d'un opprobre éternel, et à quelques hommes qui, subjugués par la terreur, contribuèrent à former la funeste majorité dont la décision plongea la France et l'Europe entière dans le deuil.

Vainement reproduiroit-on aujourd'hui ces indices susceptibles de diverses explications, ces subtiles inductions qu'on tira de quelques circonstances particulières, ces raisonnemens qu'on forma sur des faits isolés ; la voix des nations signalera toujours Louis XVI comme un fils religieux, comme un mari fidèle, comme un tendre père, comme un bon parent, comme un maître indulgent, comme un homme, en un mot, qui, recueilli dans ces douces et légitimes affections de la nature, les épancha constamment sur toute la grande famille à la tête de laquelle le ciel l'avoit placé, et qui ne se livroit pas à une illusion, quand il se plaisoit à penser que *jamais Roi n'avoit plus fait pour son peuple* (1).

Mais si le contrat solennel qui s'étoit formé, en 1791, entre la nation françoise et l'auguste famille des Bourbons, a continué de subsister dans toute sa force, malgré le décret qui avoit établi la république, et malgré l'attentat inoui dont le conseil d'état (2) argumente pour prouver que *la résistance des Bourbons aux vœux du peuple, amena leur chute ;* il faut en con-

---

(1) Paroles de Louis XVI aux états généraux.

(2) On ne peut s'empêcher d'être surpris que les membres du conseil d'état, parmi lesquels il n'y en a que quatre sur qui pèse cette effrayante responsabilité, se soient déterminés à tenir un pareil langage.

clure que tous les gouvernemens sous les lois desquels nous avons vécu jusqu'à l'époque où Louis XVIII fut rappelé par la France entière (1), nous ont été imposés par la force et par cette longue suite de crimes et de calamités, dont la France avoit été le théâtre.

Toutefois, il est juste d'avouer que le peuple entier applaudit à la révolution du 18 brumaire; et que si Napoléon Bonaparte ne fut pas ensuite élevé au trône par la volonté nationale (2), puisqu'il n'obtint que 3,568,885

____

(1) Nous disons *rappelé par la France entière*, et non pas *imposé à la France par l'étranger*, comme on a eu, depuis peu, la mauvaise foi de le soutenir; parce que nous y sommes autorisés, tant par l'enthousiasme avec lequel il fut accueilli, que par la déclaration d'ALEXANDRE du 31 mars, dans laquelle on trouve ces expressions, qu'il n'auroit pas employées s'il eût voulu nous dicter des lois : *les souverains alliés accueillent* LE VŒU *de la nation françoise ;* et enfin par le propre aveu de Napoléon Bonaparte qui, haranguant l'armée à Fontainebleau, au moment où il partoit pour l'île d'Elbe, lui dit : *Soyez fidèles au Roi que la France a* CHOISI, *comme vous me l'avez été à moi-même.*

(2) Nous ne doutons pas que si, à cette époque, on avoit laissé le peuple entièrement libre de choisir entre Bonaparte et Louis XVIII, il n'eût préféré celui-ci,

votes, *dont le plus grand nombre étoient d'autant moins libres, qu'ils émanoient des fonctionnaires publics et des employés;* les premiers actes de son règne lui concilièrent cependant presque tous les suffrages.

Enivré par son ambition et par les basses flatteries de ses courtisans, il s'écarta bientôt de la route qu'il avoit d'abord suivie; il s'éleva au-dessus de toutes les lois; il entreprit les guerres les plus injustes, les plus désastreuses; il plongea toutes les familles dans le deuil; et sa tyrannie étoit devenue insupportable à tous les François, lorsque l'*Europe en armes* se présenta devant les murs de la capitale, dont la bravoure de nos soldats essaya vainement de lui interdire l'entrée.

---

parce qu'on n'avoit aucune raison de l'exclure; et parce que personne, à coup sûr, n'auroit été tenté de décerner les honneurs et les dignités, aux mêmes hommes qui, *au nom de la liberté et de l'égalité,* avoient persécuté, proscrit et traîné à l'échafaud ceux qui en jouissoient, et qui n'avoient commis d'autre crime que d'être attachés à la forme du gouvernement dont les artisans de nos maux reconnaissent enfin tous les avantages.

(13)

Le 5 avril, le Sénat Conservateur rendit le décret suivant:

« Le Sénat Conservateur,

» Considérant que dans une monarchie constitutionnelle, le monarque n'existe qu'en vertu de la constitution ou du pacte social ;

» Que Napoléon Bonaparte, pendant quelque temps d'un gouvernement ferme et prudent, avoit donné à la nation des sujets de compter pour l'avenir sur des actes de sagesse et de justice; mais qu'ensuite il a déchiré le pacte qui l'unissoit au peuple françois, notamment en levant des impôts, en établissant des taxes autrement qu'en vertu de la loi, contre la teneur expresse du serment qu'il avoit prêté à son avénement au trône, conformément à l'art. 53 de l'acte des constitutions du 28 floréal an 12 ;

» Qu'il a commis cet attentat aux droits du peuple, lors même qu'il venoit d'ajourner, sans nécessité, le Corps législatif, et de faire supprimer, comme criminel, un rapport de ce Corps, auquel il contestoit son titre et sa part à la représentation nationale ;

» Qu'il a entrepris une suite de guerres, en

violation de l'art. 5o de l'acte des constitutions du 22 frimaire an 8, qui veut que la déclaration de guerre soit proposée, discutée et promulguée comme les lois;

» Qu'il a, inconstitutionnellement, rendu plusieurs décrets portant peine de mort, nommément les deux décrets du 5 mars dernier, tendans à faire considérer comme nationale une guerre qui n'avoit lieu que dans l'intérêt de son ambition démesurée;

» Qu'il a violé les lois constitutionnelles par ses décrets sur les prisons d'Etat;

» Qu'il a anéanti la responsabilité des ministres, confondu tous les pouvoirs, et détruit l'indépendance des corps judiciaires;

» Considérant que la liberté de la presse, établie et consacrée comme l'un des droits de la nation, a été constamment soumise à la censure arbitraire de sa police, et qu'en même temps il s'est toujours servi de la presse pour remplir la France et l'Europe de faits controuvés, de maximes fausses, de doctrines favorables au despotisme, et d'outrages contre les gouvernemens étrangers;

» Que des actes et rapports entendus par le Sénat, ont subi des altérations dans la publication qui en a été faite;

(15)

» Considérant qu'au lieu de régner dans la seule vue de l'intérêt, du bonheur et de la gloire du peuple françois, aux termes de son serment, Napoléon a mis le comble aux malheurs de la patrie, par son refus de traiter à des conditions que l'intérêt national obligeoit d'accepter, et qui ne compromettoient pas l'honneur françois;

» Par l'abus qu'il a fait de tous les moyens qu'on lui a confiés en hommes et en argent;

» Par l'abandon des blessés sans pansemens, sans secours, sans subsistances;

» Par différentes mesures dont les suites étoient la ruine des villes, la dépopulation des campagnes, la famine et les maladies contagieuses.

» Considérant que par toutes ces causes, le gouvernement impérial, établi par le sénatus-consulte du 28 floréal an 12, a cessé d'exister, et que *le vœu manifeste de tous les François appelle un ordre de choses dont le premier résultat soit le rétablissement de la paix générale, et qui soit aussi l'époque d'une réconciliation solennelle entre tous les Etats de la grande famille européenne;*

» Le Sénat déclare et décrète ce qui suit:

» Art. 1er. Napoléon Bonaparte est déchu

du trône, et le droit d'hérédité établi dans sa famille est aboli.

» 2. Le peuple françois et l'armée sont déliés du serment de fidélité envers Napoléon Bonaparte.

» 3. Le présent décret sera transmis par un message au gouvernement provisoire de la France, envoyé de suite à tous les départemens et aux armées, et proclamé incessamment dans tous les quartiers de la capitale ».

Les président et secrétaires,

BARTHELEMY,

COMTE DE VALENCE, PASTORET.

Certes, ces motifs sont péremptoires; et s'il est vrai, comme l'ont toujours professé les publicistes de la révolution, que *les contrats formés entre les peuples et les Rois, cessent d'être obligatoires pour les premiers, quand ceux-ci les ont enfreints;* il faut nécessairement en conclure, que le décret du Sénat, ratifié le même jour par le Corps législatif, a fait perdre à Napoléon tous les droits qu'il tenoit du sénatus-consulte qui l'avoit élevé au trône, et du petit nombre de suffrages donnés à cet acte.

A la vérité, le Conseil d'Etat avance que *l'étranger assembla la minorité des sénateurs et les força, contre leur mission et leur volonté, à détruire les constitutions existantes, à renverser le trône impérial, et à rappeler la famille des Bourbons.*

Mais d'abord, *l'étranger* n'exerça aucune violence à l'égard du Sénat : *l'étranger* ne fit que céder au *vœu* de la France, en déclarant qu'*il ne traiteroit plus avec Napoléon Bonaparte, ni avec aucun de sa famille;* et le Sénat ne fit lui-même, à son tour, que se conformer à ce *vœu* qu'il ne pouvoit pas méconnoître.

D'un autre côté, le Sénat avoit bien évidemment le droit de prononcer la déchéance ; car ayant été établi, ainsi que son titre le prouve (*Sénat conservateur*), pour garder le dépôt sacré de la constitution, il étoit le seul juge compétent des infractions multipliées dont Napoléon s'étoit rendu coupable ; et par conséquent aussi la seule autorité à laquelle il appartînt de déclarer que ce pacte étoit rompu.

Supposons un moment, au surplus, que le Sénat ait été réellement *forcé par l'étranger* à rendre ce décret : il ne s'agit pas de savoir si

3

le Sénat a été mû ou non par sa propre volonté; il s'agit seulement d'examiner si les motifs de sa décision sont fondés; et comment pourroit-on en douter, quand la France entière y a applaudi; et quand l'homme le plus intéressé à les réfuter, n'a jamais essayé de les combatre.

Il ne reste donc de l'argument du Conseil d'Etat, que l'allégation qui tend à faire croire que la déchéance ne fut prononcée que par *la minorité des sénateurs*; et à cet égard, notre réponse sera aussi simple que victorieuse: c'est que tous les membres absens, *tous*, *sans exception*, s'empressèrent successivement de donner ou de faire parvenir leur adhésion.

Il n'en falloit pas davantage pour que la France fût déliée du serment de fidélité qu'elle avoit fait à Napoléon; et cependant, il l'en délia lui-même encore par un acte d'abdication, dont nous croyons utile de rappeler les termes :

« Les puissances alliées ayant proclamé que
» l'empereur Napoléon étoit le seul obstacle
» au rétablissement de la paix en Europe,
» l'empereur Napoléon, fidèle à son serment,
» déclare qu'il renonce, pour lui et ses héri-
» tiers, aux trônes de France et d'Italie, et

» qu'il n'est aucun sacrifice personnel , même » celui de la vie, qu'il ne soit prêt à faire à » l'intérêt de la France.

» Fait au palais de Fontainebleau, le 11 » avril 1814.

Signé, NAPOLÉON.

Qu'oppose le Conseil d'Etat à un acte aussi solennel ? Il prétend que cet acte *ne fut que le résultat de la situation malheureuse où la France et l'empereur avoient été réduits par les événemens de la guerre, par la trahison, et par l'occupation de la capitale.*

Mais qui donc avoit *réduit la France à cette situation malheureuse ?* N'est - ce pas Napoléon, qui, en portant le pillage, le fer et la flamme dans les contrées étrangères, avoit rendu le nom françois odieux à toutes les nations ? N'est-ce pas lui, qui, en moins de quinze mois, avoit fait tomber sous le fer de l'ennemi, ou périr de misère et de faim un million de soldats ? N'est-ce pas lui qui avoit refusé à Dresde, *des conditions de paix, que l'intérêt national obligeoit d'accepter, et qui ne compromettaient pas l'honneur françois ?* N'est-ce pas lui qui avoit livré la patrie sans armes, sans défense, aux troupes étrangères ?

Enfin, n'est-ce pas lui, qui, en repoussant encore les propositions du congrès de Châtillon, exposa la capitale à voir, pour la première fois, depuis plusieurs siècles, flotter les bannières ennemies ?..... Et si tous ces faits sont constans, comment ose-t-on en faire un titre en faveur du coupable auteur de tant de maux ?

Le Conseil d'Etat dit encore que, *non consacré par le vœu du peuple, cet acte ne pouvoit détruire le contrat solennel qui s'étoit formé entre lui et l'empereur.*

Quoi ! cet acte n'a pas été *consacré par le vœu du peuple ?*..... Que signifient donc les innombrables adresses -d'adhésion qui furent envoyées au gouvernement provisoire ? Que signifient ces imprécations qui accompagnèrent le tyran jusqu'au vaisseau qui le transporta à l'île d'Elbe ? Que signifient ces chants de joie, qui retentirent d'un bout de la France à l'autre, dès que les Bourbons furent rendus à notre amour ?.... Ah ! jamais, depuis vingt-cinq ans, la volonté nationale ne s'étoit manifestée d'une manière plus libre, plus unanime, plus solennelle ; et MM. du Conseil d'Etat ne pourroient le nier sans donner un démenti au témoignage d'un homme qui doit être, à leurs yeux, au-dessus de tout soupçon. Voici com-

ment M. Carnot s'exprime dans l'insolent Mé-
moire qu'il adressa au Roi, l'année dernière :

« Le retour des Bourbons produisit un en-
» thousiasme universel ; ils furent accueillis
» avec une effusion de cœur inexprimable ;
» il ne se trouvoit personne qui ne fût réelle-
» ment dans l'ivresse ».

Puisque tout le monde étoit dans l'ivresse,
tout le monde se félicitait donc d'être affran-
chi du joug de fer qui pesoit depuis plusieurs
années sur la France ; tout le monde *consa-
croit* donc par son *vœu*, et le décret de déchéance, et l'acte d'abdication, acte d'ailleurs
bien inutile, et dont nous n'avions pas besoin
pour confier de nouveau nos destinées à nos
légitimes souverains ; car il ne faut pas oublier
que *la souveraineté réside dans le peuple* (1).

____

(1) Nous demanderons, au surplus, à ceux des membres du conseil d'état qui ont voté la mort de Louis XVI,
comment ils peuvent se montrer aujourd'hui si sévères,
en fait de formalités, et soutenir que l'abdication de Napoléon avoit besoin d'être confirmée par le vœu national ; eux qui, dans une circonstance d'un ordre bien
supérieur, et qui devoit avoir les suites les plus graves,
foulèrent aux pieds toutes les lois divines et humaines,

Mais cet *enthousiasme universel*, cette *ivresse*, avoient-ils fait place à des regrets ? Non. La France oublioit ses maux passés ; elle commençoit à jouir d'un bonheur d'autant mieux assuré, qu'il reposoit sur une charte dont les avantages sont connus, et qui contient tous les moyens d'amélioration ; elle n'ignoroit pas, comme l'écrivoit, le 11 mars, dans le *Journal des Débats*, M. BENJAMIN-CONSTANT, élevé cependant depuis au rang de conseiller d'Etat, qu'elle ne pouvoit attendre aucun bienfait *de l'auteur de la constitution la plus tyrannique sous laquelle nous eussions vécu ; qu'il parloit de liberté, mais que c'étoit lui, qui, durant quatorze ans, avoit miné et détruit la liberté ; qu'il n'avoit pas l'excuse des souvenirs, l'habitude du pouvoir ; qu'il n'étoit pas né sous la pourpre ; qu'il avoit asservi ses concitoyens, ses égaux ; qu'il avoit voulu et médité la tyrannie ; enfin, que nous étions mille fois plus libres que sous son empire.*

Elle savoit également (et c'est encore le même écrivain qui parle), que *c'étoit a lui*

---

cumulèrent les fonctions de dénonciateurs, d'accusateurs, de témoins, de juges, et refusèrent de soumettre leur sentence effroyable à la sanction du peuple !.....

*que nous devions la perte des conquêtes que
nous avions faites avant lui; qu'il promettoit
la paix, mais que son nom seul étoit un signal de guerre; que le peuple, assez malheu-
reux pour le servir, redeviendroit l'objet de
la haine européenne; et que son triomphe seroit le commencement d'un combat à mort
contre le monde civilisé.*

Aussi étoit-elle bien éloignée de désirer son
retour, et n'auroit-elle jamais consenti à vivre
encore sous ses lois, si elle n'avoit été asser-
vie par les mêmes hommes qui auroient dû la
protéger et la défendre.

Napoléon n'a pas craint, cependant, d'a-
vancer dans ses deux proclamations, datées du
Golfe de Juan, qu'*il avoit entendu nos plaintes, et cédé à nos vœux unanimes, en venant
relever son trône.*

Il a entendu nos plaintes, et cédé à nos
vœux !.... Où sont donc les adresses qui en
contiennent l'expression? On n'en a point encore produit, et nous ne craignons pas d'affir-
mer qu'il n'y a pas une seule ville, un seul
village, un seul bourg, un seul hameau, qui
ait provoqué son retour.

Il est revenu, parce qu'en signant le traité

de Fontainebleau, il avoit déjà l'arrière-pen-
sée de le violer, comme il avoit violé tous les
autres;

Il est revenu, parce qu'il a cru que l'armée
russe ayant repassé la Vistule, il auroit le temps
de consolider sa puissance avant qu'une nouvelle coalition pût se former;

Il est revenu, parce qu'il s'étoit assuré d'a-
vance de la protection de quelques chefs in-
fidèles de l'armée, et parce qu'il comptoit sur
l'attachement d'un grand nombre de soldats,
qu'il avoit souvent conduits à la victoire,
comme sur le désir qu'éprouvoient beaucoup
d'autres de voir renaître un état de guerre qui
leur ouvriroit la porte des honneurs;

Il est revenu, parce qu'il vouloit ressaisir le
sceptre, et reconquérir aussi les titres fastueux
de *roi d'Italie*, de *protecteur de la confédé-
ration du Rhin*, et de *médiateur de la Suisse*;
car son premier mot, en débarquant à Cannes,
fut celui-ci: *Voilà le congrès fini;* et ses proclamations, datées du Golfe de Juan, conte-
noient, après le titre d'*empereur des François*,
trois, etc., etc., etc., qui décéloient assez
clairement ses prétentions;

Il est revenu, parce qu'il a voulu, en atti-
rant encore une fois sur la France tous les

fléaux, la punir de s'être soustraite à sa domination ;

Enfin, il est revenu, parce qu'il a été puissamment secondé par les manœuvres de quelques hommes que la soif du pouvoir et la cupidité at achoient à sa fortune ; et par cette poignée de misérables couverts de crimes, qui ne l'aiment pas, parce qu'il les a long-temps opprimés, mais pour lesquels il est ce qu'est un temple à l'assassin que poursuivent les gendarmes, et qui s'y réfugie.

Le Conseil d'Etat ne s'est pas dissimulé l'objection résultante des sermens de fidélité prêtés au Roi : mais aucune difficulté n'étant insurmontable pour des publicistes de cette force, et dont le premier besoin est d'avoir DES PLACES ET DE L'ARGENT, ils ont lestement déclaré que *de tels sermens, s'ils avoient jamais pu même être obligatoires pour ceux qui les avoient faits, auroient cessé de l'être, dès que le gouvernement qui les avoit reçus avoit cessé d'exister.*

Ainsi, ces infâmes *Labédoyère*, *Ney*, *Lefebvre-Desnouettes*, *Lallemant*, etc. qui ont attaché à leurs noms une honte ineffaçable en trahissant de la manière la plus perfide le souverain qui les avoit comblés de faveurs, sont des hommes dignes d'estime!....

Ainsi, tous ceux qui pourroient être encore retenus par la religion du serment, sont invités à bannir toute espèce de scrupule, et absous d'avance, s'ils consentent à se ranger sous l'étendard de la félonie!...

Heureusement que le Conseil d'Etat n'est pas une autorité, en fait de morale, et qu'un grand nombre de fonctionnaires publics, de toutes les classes, ont fait justice de cette épouvantable doctrine, en suivant le monarque qu'ils avoient juré de défendre, ou en refusant de servir l'usurpateur.

Nous voici maintenant arrivés à la conséquence que le Conseil d'Etat a tirée des principes qu'il venoit d'exposer. Elle porte que, *jusqu'à la réunion de la grande assemblée du champ de mai, l'empereur doit exercer et faire exercer, conformément aux constitutions et aux lois existantes, le pouvoir qu'elles lui avoient délégué, qui n'avoit pu lui être enlevé, qu'il n'avoit pu abdiquer sans l'assentiment de la nation, que le vœu et l'intérêt général du peuple françois lui font un devoir de reprendre.*

En vérité, ce n'étoit pas la peine que le Conseil d'Etat commençât par déclarer que *la souveraineté réside dans le peuple,* puis-

qu'il vouloit, au mépris d'un décret de déchéance, d'un acte d'abdication, du vœu du
peuple, bien solennellement exprimé, et des
droits sacrés du souverain légitime, élever lui-
même Napoléon au trône.

Vils jongleurs! qui, couverts depuis vingt-
cinq ans, du masque imposteur du patriotisme,
ne parlez de *la souveraineté du peuple*, que
pour en faire votre esclave; d'*égalité*, que
pour vous élever au-dessus de tous; de *liberté*, que pour l'étouffer dans son berceau; de
patrie, que pour la déchirer et la détruire; qui
vous a donné la mission de stipuler les intérêts
du peuple, et de régler ses destinées? Où sont
les mandats qui vous ont investis du droit de
renverser une constitution légalement établie,
d'exiler un souverain cher à tous ses sujets,
et de nous en *imposer* un de votre choix? Vous
prétendez que le Sénat n'a pas pu rendre son
décret de déchéance, ni anéantir les constitutions de l'Empire dont la religieuse obser-
vation étoit confiée à sa vigilance; et vous, qui
ne tenez votre autorité que d'un homme qui
n'en a aucune, qui ne pourroit remonter sur
le trône qu'autant que la volonté nationale,
librement et solennellement exprimée, l'y
rappelleroit; vous vous permettez de le pro-

clamer notre empereur!.... Vous avez voulu lui faciliter, par-là, les moyens de ne pas se soumettre à l'épreuve qu'il redoutoit; votre but a été de légitimer l'excès de pouvoir qu'il se proposoit déjà de commettre, en présentant au peuple, au lieu d'une constitution nouvelle, des *articles additionnels*, qui supposoient que celle en vertu de laquelle il avoit été élevé à la dignité impériale, existoit encore. Mais tous vos efforts, tous vos subterfuges sont impuissans; il n'est pas notre souverain; il en a fait l'aveu, en déclarant qu'il exerçoit *une sorte de dictature*; et vous l'aviez déjà fait vous-mêmes; oui, vous-mêmes, par l'organe de vos présidens, dans le rapport du 2 avril, relatif à la *Déclaration du congrès*, du 13 mars.

On y trouve, en effet, ces expressions remarquables : *Et cependant replacé à la tête de la nation qui l'avoit déjà choisi trois fois, qui vient* DE LE DÉSIGNER (1) *une quatrième*

_____

(1) Il n'est pas même vrai que cette *désignation* ait eu lieu, car ni la portion de l'armée, qui se trouvoit sur sa route, ni la population de Cannes à Paris, ne constituent la nation. On sait, d'ailleurs, par ce qui s'est passé et ce qui se passe encore tous les jours dans la capitale,

fois par l'accueil qu'elle lui a fait dans sa marche et son arrivée rapides et triomphales ; de cette nation par laquelle et pour l'intérêt de laquelle il veut régner, que veut Napoléon etc. ?

Qui vient de le désigner une quatrième fois ! Mais si elle n'a fait que le *désigner,* elle ne l'a donc pas encore reconnu, proclamé ; et alors, que devient le diplôme que vous lui avez si généreusement dispensé ? Quelle autorité peuvent avoir et votre officieuse *déclaration,* lors même qu'elle ne seroit pas viciée par le défaut absolu de pouvoirs, et les décrets qu'il a rendus, et les *articles additionnels* qu'il nous a *imposés ?*

Rien de tout cela ne peut entraîner notre obéissance, parce que rien de tout cela n'est légal. La question reste toute entière : *La nation consent-elle à annuller le contrat solen-*

---

quelle est la classe de citoyens dont sa présence a excité la joie. Louis-le-Désiré n'avoit besoin ni de commarder, ni de payer les applaudissemens ; et pendant qu'il habitoit son palais, on n'a jamais vu sous ses croisées cette foule d'êtres sans aveu, couverts de haillons et gorgés de vin, qui, pour gagner 40 sols, sont venus, depuis le retour de Napoléon, former ces groupes qu'on appeloit *la criée.*

nei qui s'étoit formé entre elle et les Bourbons, depuis neuf siècles, et qui avoit été renouvelé en 1791 et en 1814? Soumettez-la au peuple, éloignez du lieu de ses délibérations les troupes dont la présence pourroit gêner son suffrage ; invitez-le à émettre son vœu, en déposant dans une urne des boules blanches et des boules noires ; confiez à des hommes purs le soin de vérifier le résultat de ce scrutin secret, et nous verrons alors lequel des deux l'emportera : de l'homme qui a versé tous les fléaux sur notre patrie, et qui, dans le simulacre de constitution qu'il vient de publier, s'est réservé le droit affreux des confiscations ; ou du prince qui les avoit irrévocablement abolies, et qui, dans le court espace de onze mois, avoit déjà cicatrisé toutes nos plaies(1).

---

(1) Cette réserve seule du droit terrible des confiscations, suffit pour nous donner une idée de la liberté que nous devons attendre sous Napoléon. Si les fautes sont personnelles, comment justifier la loi qui punit les enfants des fautes de leurs pères ? Rome libre ne prononça jamais de confiscation. Sylla fut le premier qui les ordonna ; mais Sylla fut un tyran.

Voici comment *Montesquieu* s'exprime à cet égard :

« Les confiscations sont utiles dans un état despotique;

Nous allons terminer cette discussion, déjà
assez longue, par un examen des divers reproches que le conseil d'état a adressés au
gouvernement royal ; et afin qu'on ne nous ac-
cuse pas de les affoiblir, nous transcrirons lit-
téralement le paragraphe qui les renferme.

« Les Bourbons avoient constamment violé
» leurs promesses ; ils favorisèrent les préten-
» tions de la noblesse fidèle ; ils ébranlèrent
» les ventes des biens de toutes les origines ;
» ils préparèrent le rétablissement des droits
» féodaux et des dîmes ; ils menacèrent toutes
» les existences nouvelles ; ils déclarèrent la
» guerre à toutes les opinions libérales ; ils
» attaquèrent toutes les institutions que la
» France avoit acquises au prix de son sang.
» Aimant mieux humilier la nation que de

» par-là on console le peuple ; l'argent qu'on en tire
» est un tribut considérable, que le prince lèveroit dif-
» ficilement sur des sujets abimés ; il n'y a même dans
» ce pays aucune famille qu'on veuille conserver.

» Dans les états modérés c'est autre chose : les con-
« fiscations rendroient la propriété des biens incertaine ;
» elles dépouilleroient des enfans innocens ; elles détrui-
» roient une famille, lorsqu'il ne s'agit que de frapper
» un coupable. »

» s'unir à sa gloire, ils dépouillèrent la légion
» d'honneur de sa dotation et de ses droits
» politiques; ils en prodiguoient la décoration
» pour l'avilir; ils enlevèrent à l'armée, aux
» braves, leur solde, leurs grades et leurs
» honneurs, pour les donner à des émigrés,
» à des chefs de révolte; ils voulurent enfin
» régner et opprimer le peuple par l'émigra-
» tion. »

Sans doute, voilà de bien graves allégations : mais où en sont les preuves ?

Vous dites que le Roi *a favorisé les préten-tions de la noblesse fidèle.* — Il a pourtant maintenu la noblesse nouvelle, et la composi-tion de la chambre des Pairs, du ministère, des préfectures, prouve incontestablement que les nouveaux nobles avoient à ses faveurs la même part que les anciens.

Vous dites qu'*il a préparé le rétablissement des droits féodaux et des dîmes.* — Mais citez-nous donc un seul acte, émané soit de lui, soit de ses ministres, qui puisse justifier ce reproche, ou résignez-vous à être considé-rés comme des calomniateurs ?

Vous dites qu'*il a menacé toutes les exis-tences nouvelles.* — Certes, si parmi ces exis-

tences nouvelles il en est beaucoup qui soient
la juste récompense de grands talens et d'im-
portans services, le plus grand nombre n'est
que le résultat de l'intrigue ou du crime ; et
cependant on peut vous porter le défi le plus
formel d'établir que celles - ci ayent éprouvé le
moindre trouble. Le Roi n'a pas admis, il est
vrai, dans la chambre des pairs, tous les
hommes qui avoient été membres du sénat :
mais pouvoit-il raisonnablement élever à cette
dignité les assassins de son frère ? Et n'a-t-il
pas fait preuve d'une modération, d'une gé-
nérosité surhumaine, en leur conservant la
totalité de leur traitement ?

Vous dites qu'*il a déclaré la guerre à tou-*
tes les opinions libérales. -— Citer la charte,
c'est vous répondre de la manière la plus vic-
'torieuse, puisqu'elle offre la réunion la plus
complète des principes constitutifs de la dignité de notre nature.

Vous dites qu'*il a prodigué la décoration*
de la légion d'honneur, pour l'avilir ; et qu'il
a enlevé à l'armée, aux braves, leur solde,
leurs grades et leurs honneurs, pour les don-
ner à des émigrés, à des chefs de révolte. —
Etoit-ce donc avilir la légion d'honneur, que
de l'accorder à ces hommes estimables et

courageux qui avoient été, depuis vingt-cinq ans, les victimes de leur attachement à la bonne cause, c'est-à-dire à une forme de gouvernement que vous aviez enfin regardé vous-mêmes comme la seule qui convînt à la France? N'étoit-ce pas, au contraire, relever l'éclat de cette décoration? Et comment osez-vous avancer qu'*il l'a prodiguée*, lorsqu'il est notoire qu'il a distribué beaucoup plus de croix de Saint-Louis que de celles de la légion d'honneur? — Quant au reproche d'avoir *enlevé à l'armée, aux braves, leur solde, leurs grades et leurs honneurs, pour les donner à des émigrés*, voici la réponse :

Lorsque le Roi est remonté sur son trône, le nombre des généraux, des officiers, étoit hors de toute proportion avec l'état de paix, et avec les ressources de la France, dépouillée de ses conquêtes. Les principes d'une sage administration exigeoient donc impérieusement une réduction, que Napoléon lui-même auroit été obligé d'opérer ; qu'il n'a pas maintenue depuis son retour, parce qu'il a augmenté son armée, mais qu'il lui seroit impossible de ne pas admettre, s'il étoit en paix avec les puissances. Voilà l'unique motif de la mesure qui fit réduire à la demi-solde tous les généraux et les officiers qu'on ne pouvoit pas employer ; mais aucun d'eux *n'a perdu ni son grade, ni ses honneurs* ; et pour peu que la situation des finances se fût améliorée, il n'est pas douteux qu'ils n'eussent été dédommagés de la réduction de leur traitement, car l'armée (nous ne craignons pas d'en appeler à ses chefs) n'a pas cessé d'être l'objet de la tendre sollicitude du prince, et n'a jamais été ni mieux entretenue, ni plus exactement payée, que sous son règne.

Reste la dernière partie de votre imputation, qui consiste à dire qu'on a *placé dans l'armée des émigrés.* — Oui, sans doute, on y en a placé un certain nombre : mais pourquoi donc en auroit-on éloigné ceux qui étoient propres, tant par leur talent que par leurs services, à y être admis ? N'étoient-ils pas François ? N'avoient-ils pas aussi des titres à la bienveillance du roi ? Et puisque son respect pour la charte ne lui permettoit pas de restituer aux compagnons de sa longue infortune les biens qu'on leur avoit ravis, n'étoit-il pas juste qu'il vînt à leur secours en leur procurant des moyens d'existence ?

Après avoir épuisé la série de vos reproches, il est juste d'avouer que quelques émigrés ont tenu des propos inconvenans, et manifesté des prétentions contraires aux dispositions de la charte : mais c'est le plus petit nombre ; mais ils étoient aigris par le malheur ; et il est aussi absurde d'imputer au Roi leurs écarts, qu'il le seroit aujourd'hui de rendre Napoléon responsable des vœux atroces qu'expriment les *patriotes de* 1793 pour le rétablissement de la république et des échafauds. On ne pourroit s'en prendre au Roi, qu'autant que les prétentions de ces émigrés auroient été accompagnées de violences qui seroient demeurées impunies ; et tant qu'on ne citera ni une seule violence, ni un seul déni de justice, Louis XVIII sera à l'abri de toute espèce de soupçon.

Reproduira-t-on cette crainte vague, déjà exprimée par quelques méprisables libellistes, que la charte ne fût méconnue par son auguste auteur ?... Ah ! ils ne sauroient la partager cette crainte, ceux qui ont observé d'un esprit paisible la marche droite et pure que le Roi a suivie depuis le jour où il a remis le pied sur la terre natale, jusqu'à celui où il a été contraint de s'en éloigner.

En effet, le Roi parla à la chambre des représentans, et l'on se rappelle encore avec émotion toutes les émotions que son discours fit éprouver. Le Roi reçut depuis un grand nombre de députations : il répondit à toutes. C'est dans les paroles mêmes du Roi qu'on a pu chercher à connoître son esprit, ses principes et son caractère. Nous le demandons à tous les hommes de bonne foi : est-il jamais échappé au Roi un seul mot dont un homme de parti, et de quelque parti qu'il soit, ait pu dire : *J'aurois voulu qu'il eût dit autre chose; ou même qu'il eût exprimé autrement ce qu'il a dit?*

Certes il n'est personne qui n'ait reconnu, dans toutes les paroles du Roi, le caractère de l'esprit le plus élevé, de l'âme la plus pure, et du cœur le plus paternel.

Mais ce que nous disons ici de ce prince n'est-il pas connu, d'une manière plus ou moins précise, par tous ceux qui ont eu l'honneur d'avoir des rapports avec lui? Et vous, qui savez comment la nature a pris soin d'établir un accord entre les mouvemens familiers de l'âme et l'expression des regards, ne vous a-t-il pas suffi d'observer le Roi, dans quelque moment d'intérêt ou d'affection, pour croire avec certitude à sa franchise comme à sa bonté?

Non, il ne vouloit pas violer la charte; et

il en a fourni la preuve incontestable, puisque dans ce moment de crise qui a précédé son départ et qui auroit justifié les mesures les plus extraordinaires, il nous a donné une nouvelle preuve de sa sagesse, en respectant la liberté des traîtres qui conspiroient contre lui.

François ! il s'agit de choisir entre cette charte immortelle qui est votre garantie, et le régime d'usurpation qui a pesé sur toutes les classes, sur tous les individus ;

Il s'agit de choisir entre un prince qui s'est montré fier de régir un peuple libre, qui considéroit les droits de ce peuple comme la plus précieuse de ses propres garanties ; et l'homme qui, tout en vous parlant de liberté, organise partout l'espionnage, envoie dans tous les départemens des proconsuls sous le titres de *commissaires extraordinaires*, proscrit en masse, exile, ou plonge dans les fers les citoyens dont le seul crime est d'avoir été fidèles au gouvernement qu'il a renversé ;

Il s'agit de choisir entre un monarque qui s'environnoit des François les plus estimables, quelles que fussent leurs opinions politiques ; et celui qui n'appelle à toutes les places que les *régicides* et les misérables qui, en 1793,

couvrirent la France de bastilles et d'échafauds ;

Il s'agit de choisir entre un souverain légitime dont les droits, remontant à neuf siècles,
ont été consacrés, de la manière la plus solennelle, par la volonté nationale, en 1791 et
en 1814 ; et le farouche usurpateur qui, proclamé souverain par le vœu d'une poignée
d'hommes intéressés à lui déléguer la puissance, ou dont les suffrages furent impérieusement exigés sous peine de perdre leurs
places, n'a que trop mérité la déchéance prononcée contre lui par le sénat.

Enfin il s'agit de choisir entre Louis XVIII
qui vous avoit réconciliés avec toutes les nations, qui vous avoit donné la paix ; et Napoléon, dont le nom seul a été le signal de la
guerre civile et de la guerre étrangère.

Pourriez-vous hésiter un seul instant ? Pourriez-vous ne pas sentir qu'admettre Napoléon
à vous gouverner, ce seroit justifier cette as-
sertion mensongère de ses conseillers , que *la
résistance des Bourbons aux vœux du peuple
amena leur chute* ; ce seroit devenir les com-
plices de l'horrible attentat commis contre le
plus honnête des hommes et le plus populaire
des rois.

C'est de votre honneur, peuple françois, c'est de votre réputation dans les âges les plus reculés, qu'il s'agit en ce mémorable instant; car, si vous secondez les projets de ceux qui cherchent à vous entraîner au dernier terme de l'ingratitude, qui veulent vous associer à leurs violentes passions, à leurs crimes, vous aurez à comparoître vous-mêmes devant le tribunal de la postérité; et bien avant, vous aurez à compter sans doute avec vos repentirs et avec vos remords trop tardifs.

Le passé n'est plus... le présent vous appartient: l'avenir en dépend. Hâtez-vous de prononcer!